D0911118

www.loqueleo.santillana.com

loqueleo

TINKE-TINKE

© Del texto: Elsa Bornemann, 1970
/ c/o Guillermo Schavelzon Graham. Agencia Literaria
© De las ilustraciones: Huadi, 2001
© Ediciones Santillana S.A., 2001, 2014

© De esta edición:
2017, Santillana USA Publishing Company, Inc.
2023 NW 84th Avenue
Doral, FL 33122, USA
www.santillanausa.com

Loqueleo es un sello de **Santillana**. Estas son sus sedes:
Argentina, Bolivia, Chile, Colombia, Costa Rica, Ecuador, El Salvador,
España, Estados Unidos, Guatemala, México, Panamá, Paraguay, Perú,
Puerto Rico, República Dominicana, Uruguay y Venezuela

ISBN: 978-1-68292-193-7

www.loqueleo.santillana.com

Published in the United States of America
Printed in Colombia by Editora Géminis S.A.S.
22 21 20 19 18   2 3 4 5 6 7 8 9

Tinke-Tinke

Elsa Bornemann

Ilustraciones de Huadi

loqueleo

Para mi mamá,
Blanca Nieves Fernández de Bornemann,
quien nutrió mi infancia con poesía.

¿Saben, chicos? TINKE-TINKE era una gata gris como una campanita de plata vieja... Usaba botas y guantes blancos. ¡Ah! y una pechera almidonada. Siempre subía a la parra del patio de mi casa para estar más cerca del sol.

TINKE-TINKE rasguñó la puertita de mi corazón y entró en él cuando yo era más o menos como ustedes. Porque yo también fui chiquita, ¿saben?, yo también me puse los zapatos de los cuatro años, y de los seis... y de los nueve...

Pero un día, TINKE-TINKE maulló con tristeza y no me reconoció, porque yo había crecido y ya era una persona mayor. Entonces, se subió a una parra de nubes... y no volvió más.

El ascensor y la escalera

Un día de primavera
el ascensor
se enamoró de una escalera
del corredor.

Entonces, desde ese día
él la miraba
mientras diez pisos subía
o los bajaba.

Ella, con traje de mármol
color marfil,
siempre duro como un árbol
del año mil.

Él presentó sus quejas
al portero:
—¡Tras la puerta de rejas
soy prisionero!

Pero aunque sea primavera
y haga calor...
¡Nadie entiende a una escalera
o a un ascensor!

Pero una noche, amable,
hablarle pudo
mientras su lengua de cable
se hacía un nudo:

—Te quiero, escalera, y vivo
sólo por ti.
¿Quieres casarte conmigo?
Por favor, di.

Con palabras que salieron
a empujones
muertos de risa dijeron
sus escalones:

—No ganas ni un centavo
por tu trabajo,
y siempre como un pavo
de arriba a abajo.

Cada cable y botones
del ascensor,
cada tuerca, a montones
sintió dolor.

Ya entonces disparando
en triste vuelo,
se dejó caer, llorando,
en el subsuelo.

Pero aunque sea primavera
y haga calor...
¡Nadie entiende a una escalera
o a un ascensor!

SE MATÓ UN TOMATE

¡Ay! ¡Qué disparate!
¡Se mató un Tomate!

¿Quieren que les cuente?
Se arrojó a la fuente

sobre la ensalada
recién preparada.

Su rojo vestido,
todo descosido,

cayó haciendo arrugas
al mar de lechugas.

Su amigo Zapallo
corrió como un rayo

pidiendo de urgencia
por una asistencia.

Vino el Doctor Ajo
y remedios trajo.

Llamó a la carrera
a Sal, la enfermera.

Después de sacarlo,
quisieron salvarlo,

pero no hubo caso:
¡estaba en pedazos!

Preparó el entierro
la agencia "Los Puerros".

Y fue mucha gente...
¿Quieren que les cuente?

Llegó muy doliente
Papa, el presidente

del Club de Verduras,
para dar lectura

de un "Verso al Tomate"
(otro disparate),

mientras, de perfil,
el gran Perejil

hablaba bajito
con un Rabanito.

También el Laurel
(de luna de miel

con Doña Nabiza)
regresó de prisa

en su nuevo yate
por ver al Tomate.

Acaba la historia:
Ocho zanahorias

y un Alcaucil viejo
formaron cortejo

con diez berenjenas
de verdes melenas,

sobre una carroza
bordada con rosas.

Choclos musiqueros
con negros sombreros

tocaron violines,
quenas y flautines,

y dos ajíes sordos
y espárragos gordos

con negras camisas
cantaron la misa.

El diario *Espinaca*
la noticia saca:

HOY, ¡QUÉ DISPARATE!,
¡SE MATÓ UN TOMATE!

Al leer, la Cebolla
lloraba en su olla.

Una Remolacha
se puso borracha.

—¡Me importa un comino!
–dijo Don Pepino...

y no habló la Acelga
(estaba de huelga).

Dibuja aquí:

La boca

Palacio rosado
siempre vigilado
–arriba y abajo–
por blancos soldados.
Hay dientes guardianes;
otros, capitanes.
Los más movedizos
son dientes postizos.
Hay dientes bebitos:
son los más chiquitos.
Allí está entre el coro
un diente de oro.
Es, según la ley,
del palacio el rey.
Entra al comedor
Pepe Tenedor,
y a veces, su esposa:
Cuchara Brillosa.
En sus carretillas

hay puré, frutillas,
queso, salsa, huevos
y duraznos nuevos.
Té, café con leche,
carne en escabeche.
Y una vez adentro...
¡Pobres alimentos!
Pero un río de sangre
hoy le quita el hambre.
Se asoma una taza
a ver lo que pasa.
Es que un diente flojo
se viste de rojo,
pues está cansado
de vivir parado.
Baila, da mil vueltas,
hasta que se suelta.
Al palacio rosado
llega un invitado.
—Mis amigos dientes,
los quiero —les miente.

Lo envuelve un gabán
hecho en celofán.
—Deseo entrar a ver vuestro hogar.
—Caramelo, ¡entra!
Te abrimos la puerta!
—Yo solo me pelo
–dice el caramelo.
Y este caballero
es feroz guerrero.
Ataca y se cuela
por dientes y muelas.
Hasta que se vaya
sigue la batalla.
—¡Guerra al caramelo!
—¡Guerra al caramelo!
Pero el rey Primero
grita, a los guerreros:
—Terminen, les pido!
¡Hay muchos heridos!
Busca en una lista
el mejor dentista,

y allá va, ligero,
el palacio entero.
El dentista apura,
prontito los cura
y todos, contentos,
ponen fin al cuento.

EL PAN FLAUTA

Todos los días toco
con el pan flauta,
un bailecito loco
que a mí me encanta.

Cuando clavo mi diente
en su barriga
toda mi boca siente
canción de miga.

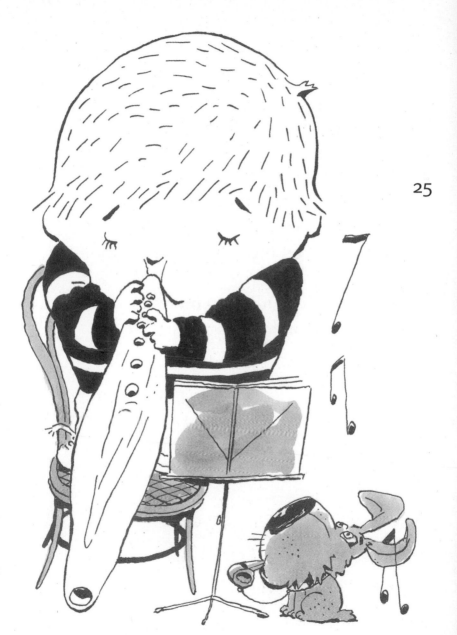

El hipo

¡Por él se levanta
mi pobre garganta...!

el hip... hip... hip... hipo

(¡Qué tipo molesto
si lo llevo puesto...!)

La pequeña ola

Lola,
la pequeña ola,
se quiere escapar
del mar;
y hacia la playa,
en verde malla
de mil volados,
la veo acercar.
Lola se cree sola
y decidida
sale del mar.
Su boca llena
come la arena
y caracoles
de lento andar.
¡Ay! ¡Pobre Lola!
¡Pobre Lolita!
¡Qué chiquitita
tu travesura!

Poco te dura
tu recorrer,
pues mamá ola
y tus hermanas
de blancas colas,
–Lolita, Lola–
te hacen volver.

La pluma cucharita

Porque los chicos ya no la usan...
Porque los chicos ya no la quieren...

La pluma cucharita
con cuerpo de metal,
cabeza de puñal...
está muy tristecita.

Corre sobre un cuaderno
de renglón en renglón.
Para su corazón
de lata, es invierno.

Se ahoga en los tinteros:
del uno al dos, al tres...
y luego al revés:
del último al primero.

Su tristeza se pierde
en secantes y hojas...
Llora lágrimas rojas,
negras, azules, verdes...

OBELISCO

Voy a estudiarte,
don Obelisco.
De tanto mirarte
me quedo bizco.

Obelisco,
¿qué ha pasado?
¿tanto cemento
junto pegado?

Obelisco,
yo me enojo:
¿cara tan grande
y un solo ojo?

Obelisco,
no estás sano:
¿cuerpo gigante
y puerta de enano?

Obelisco,
¿qué ha pasado?
¿tanto cemento
junto pegado?

Las hojas paseanderas

Cuando Abuelo Otoño
viene de visita,
amarillos moños
trae a las hojitas.

A una por una
peina su rastrillo,
no queda ninguna
sin moño amarillo.

Todas arregladas
corren al espejo:
—¡Ay! ¡Qué bien peinadas,
abuelito viejo!

Papá Árbol las suelta:
sus hijas desean
ir a dar cien vueltas
para que las vean.

En unos momentos
cargan su equipaje
y van a "Don Viento-
Agencia de Viajes".

Allí las atiende
con aireado traje.
Soplando les vende
todos los pasajes.

Las hojas apuradas
viajan en avión.
No tiene paradas
porque es el Ciclón.

Las hojas que piden
pasearse sin prisa,
prontito consiguen
tomarse una brisa.

Y aquellas que quieren
pasearse por barco,
seguro prefieren
la zanja o el charco.

Como un resorte
trabaja don Viento.
Todos sus transportes
pone en movimiento.

Cada una recorre
los patios de seda,
techos, casas, torres
y el país-vereda.

Terrazas, esquinas...
¿Qué más van a ver?
El viaje termina
y quieren volver.

Pero siempre acaban
en la pieza oscura
de un hotel que llaman
"Tacho de Basura".

EL VIAJE AL ARCO IRIS

Un tipo de Marte
de su casa parte.
Como irá de viaje
se lleva su traje
modelo "espacial",
de vidrio y metal.
Se pone un sombrero
con dos agujeros
por donde, serenas,
salen las antenas.
Arranca el motor
del plato volador
y empieza su vuelo
flotando en el cielo.
Se va al arco iris,
a pescar colores
para pintar flores.
En un botellón
alto y gordinflón,

traerá a sus flores
todos los colores.
Tras viajar dos ratos
detiene su plato
y con un gran salto
se baja en el arco.
Cuando con su caña
de tela de araña
se pone a pescar,
empiezan a gritar
todos los colores
como entre dolores:
—¡Ay! ¡No! No queremos
ser de aquí llevados,
pues quedará el arco
todo agujereado
si faltan pedazos
del azul de raso,
del verde esmeralda
o del rojo malva.
Pero él no hace caso.

Camina tres pasos
y al gran botellón
alto y gordinflón,
llena, sin temores,
de todos colores.
Arranca el motor
del plato volador
y rápido parte
de regreso a Marte.
Los colores ¡BOOM!
en el botellón
saltan enojados
para todos lados
y le hacen cosquillas,
cosquillas, cosquillas...
Ríe hasta el delirio
su panza de vidrio...
Entre carcajadas
se queda rajada
y de pronto ¡BOOM!
rompe el botellón

y se escapan todos
de uno y mil modos:
Allá van pedazos
del azul de raso,
del verde esmeralda
y del rojo malva.
Mientras en su plato,
el marciano al rato
llora que te llora
una, dos, tres horas,
pues los ha perdido.
Ellos, divertidos,
pintan en su vuelo
las barbas del cielo.

Yo vivo en una vidriera

Si usted supiera
¡qué triste vivo
en una vidriera!

Mi piel es dura,
pues de madera
es mi figura.

Cada semana
cambian mi ropa
de seda o lana.

Uso vestidos
que no son míos.
(Yo nada pido.)

Pasa la gente:
lindas señoras...
hombres de lentes...

La gente llega:
todos me miran,
nadie me lleva.

No tengo amigos,
pues nadie puede
pasear conmigo.

Si estoy tan quieta...
Tampoco canto...
Y siempre a dieta...

Y nunca crece
mi pelo rubio.
¿Qué le parece?

¡Ay! ¡La vidriera!
¡Qué casa triste!
¡Si usted supiera!

Usted que es bueno...
Si viene aquí,
quiérame un poco...
Soy... maniquí.

Mirando una iglesia

La iglesia: su torre
el cielo recorre.
Su cruz amarilla
le hace cosquillas.
Tan alto se sube
que pincha las nubes.
Una gran campana
salta en la mañana.
Golpeando las horas
jamás se demora.
El reloj viajero
gira en su sendero.
Dos negras agujas
marchan al compás:
—la larga primero,
la corta detrás—.

La iglesia
y su torre

color de ceniza,
reloj y campana
llamando
a la misa.

LA LLAVE DE MI CASA

La llave de mi casa...
La llave
todo lo sabe.

Se pasa cada día,
–¡qué caradura!–
mirando
mirando
por la cerradura.

La llave de mi casa
¡espía!
¡Quién lo diría!

LA PLUMA AVIADORA

¡Ay! No sé bien si me acuerdo
porque esto pasó en invierno.
Empieza así: En el plumero
que saca polvo al ropero
viajaba una pluma hermosa
pero un poco revoltosa.
Repetía a toda hora:
—¡Yo quiero ser aviadora!
Tanto lo dijo, que un día
cuando al balcón se subía
el plumerito a limpiar,
ella se quiso soltar
de la mano de su amigo...
(¿Por qué lo habrá hecho?, digo,
ya que, dando un tropezón…
¡PUM! se cayó del balcón.)
Como era livianita
flotó mucho, contentita.
Pero... ¡pobre!, porque el viento

¡se la llevó en un momento!
Gritaba: —¡Quiero volver...!
(¿Pero quién iba a entender
su voz fea, de lechuza,
llena de polvo y pelusa?)

La escuela de Zoila Mosquito

50

Tomadito de mi mano,
venga a ver, que yo lo invito,
instalada en un pantano:
La escuela de los mosquitos.

Zoila Mosquito, maestra,
directora de la escuela,
a sus alumnos demuestra
las lecciones mientras vuela.

Enseña paso por paso,
con paciencia de locura,
la *Historia del Pinchazo*
y su hermana Picadura.

Trae mapas, dicta nombres;
señala con un puntero,

en qué lugares del hombre
tienen que hacer agujeros.

—Cara, cuello, brazo, pierna
–repite con alma y vida–.
Picar a la piel más tierna,
bien perfumada y dormida.

—No se acerquen cuando fume
el señor Verde Espiral,
mientras su traje consume,
sólo quiere hacerles mal.

—Cuando vayan a atacar
miren muy bien el sendero.
Cuidadito con chocar
contra cualquier mosquitero.

De pronto... ¿La oye gritar?
a un alumno mucho reta,

por haber ido a jugar
donde vive una palmeta.

La clase de canto empieza:
"Zzz, zzz, zzz, zzz, ¡a zumbar!"
Por la noche, en cada pieza...
¡Qué concierto van a dar!

Sólo las nenas-mosquitos
—es una ley de su raza—
despacito, despacito,
zumbando salen de caza.

Se meten por las ventanas,
postigos y cerraduras.
Me levanto a la mañana...
¡Ay! ¡Ay! ¡Ay! ¡Qué picaduras!

De noche vienen, ¿los ve?,
con trajecitos rayados...
Pero llueve DDT
y se caen desmayados.

MIS POBRES PIES

Porque Dios así lo quiso,
mis pies
siempre están mirando el piso.

Cuando estreno los zapatos,
a veces,
les aprietan un buen rato.

Cuando hay gente a montones
¡ay! ¡ay! ¡ay!
se reciben pisotones.

Cuando me voy a bañar,
un pie,
si el agua quema debe probar.

En invierno, cual bombones,
hinchados,
se llenan de sabañones.

Cuando descalzos caminan,
con pinchos
seguro que se lastiman.

Como si esto fuese poco
¡ay! ¡ay! ¡ay!
¡No saben bailar tampoco!

Mis pies: nunca ven el cielo,
¡oh, pobres!
porque van mirando el suelo.

Dibuja aquí:

CARTA PARA EL
SEÑOR ASTRONAUTA

Uso tintaluz
de sol y de luna,
un poco de espuma,
polvo del invierno,
tomo mi cuaderno
y con gusto escribo:
"Mi querido amigo
señor Astronauta:
si conoce al tiempo
tráigame un poquito
para mi abuelito...
está viejo, ¿sabe?
Señor Astronauta:
me gusta su nave.
¡Ay! ¡Lléveme en ella!
Sé barrer estrellas
y puedo ayudarlo...
¿Me deja probarlo?

Señor Astronauta:
¿La gente de Marte
también hace guerra
como aquí en la Tierra?
¿El sol tiene orejas,
nariz, boca y cejas
como el de los cuentos?
¿Corre mucho el viento
o anda despacio?
¿Allá en el espacio
hay día domingo,
Señor Astronauta?
¿Es cierto que en parte
de la Tierra a Marte,
está el cielo roto
de ángeles en moto
que juegan carreras?
¿Puede ser que quiera
casarse una nube
cuando un globo sube?
¿Es mucho pedirle,

si puede decirme
usted, que en el aire
tantas vueltas dio,
señor Astronauta,
pero... ¿a Dios lo vio?

LOS PERROS EMBAJADORES

A la República Perruna
llegan diez embajadores.
Las perras de las tribunas
tiran huesos de colores.

Los recibe el presidente
(que es un perro pequinés),
aunque es chino hasta los dientes,
ladra un poco de francés.

Un perrito ovejero,
muy vestido de etiqueta,
trae, como cocinero,
una bandeja repleta.

Helados de todos gustos
sobre su bandeja carga,
y lo tapa todo, justo,
con sus orejitas largas.

—Guau... guau... guau,
señores invitados;
guau... guau... guau...
¿Quieren servirse helado?

—Oui, oui, oui[1]...,
dice con elegancia:
—Guau... guau... guau...
(embajador de Francia).

—Sí, sí, sí...
(contesta el perro criollo).
—Yes, yes, yes[2]...
(repite un galgo inglés).

—Ja, ja, ja[3]...
(responde Fräulein[4] Tania).
—Guau... guau... guau...
(caniche de Alemania).

Ladra alegre el cocinero:
—¡Señores, como este helado,
tan rico, en el mundo entero
nunca jamás han probado!

Mas, cuando los invitados
se acercan a la bandeja...
¡ha derretido el helado
el calor de sus orejas!

---

[1] *Oui:* palabra de origen francés. Se pronuncia "uí".
[2] *Yes:* palabra de origen inglés. Se pronuncia "ies".
[3] *Ja:* palabra de origen alemán. Se pronuncia "ia".
(Los tres vocablos —recién mencionados— significan "sí" en idioma castellano).
[4] *Fräulein:* palabra alemana que significa "señorita". Se pronuncia "froilán".

HISTORIA DE UN FÓSFORO

Un fósforo de papel
¡ay! ¡se escapa!
Tiene marrón la piel,
marrón su capa.

En la casita azul
de cartón grueso,
sus noventa hermanos
lloran por eso.

Se va porque lo espera
en la cocina,
la fósfora de cera
blanca, ¡divina!

Los dos quieren prenderle
fuego a este mundo,
pues los dejan vivir
pocos segundos.

La gente los arranca
de sus casitas
y raspa sus tan blancas...
sus cabecitas...

Después vendrá a casarlos
el sacerdote,
que es una vela negra,
largo cogote.

Pero el fósforo padre,
piel de madera,
espía enojado
tras la heladera:

—Yo quiero que mi hija
que es pura cera,
a un fósforo elija,
pura madera!

Y con fuerza lo ralla
al pobrecito.

¡Ay! Su cabeza estalla
rojo fueguito.

La fósfora, mirando
dice, sentido,
mientras se va apagando
su prometido:

—Mi pobre fosforito,
descansa en paz.
¡Gris, seco y finito
ya no sirves más!

En la casita azul
de cartón grueso,
sus noventa hermanos
lloran por eso.

Me gusta el río

Tiro, tiro al río
los dos ojos míos,
a pescar rayitos
de sol. Despacito

como un caracol,
tomo un girasol
donde guardo, luego,
lo mejor que puedo

las luces mojadas
que fueron pescadas
(pero los rayitos
de sol, en frasquitos).

Yo no uso caña
ni la red que engaña.
Tiro, tiro al río
los dos ojos míos.

MANDARINA

Una mandarina
llamada Corina,
en un mediodía
después de comer
llamó a su madrina
y le dijo:
—Estoy aburrida
de ser mandarina...
¡Quiero ser naranja!
Y saltó a una zanja
manchándose
todo
     todo
        todo
su traje con lodo.
Al verse tan negra
se puso a llorar...
y con un cuchillo

(con filo
y con brillo)
su cáscara sucia
empezó a cortar.
Su traje embarrado
quedó destrozado...
Al oír que lloraba
la pobre Corina,
corriendo,
corriendo
vino la madrina.
Y se quedó muda
al verla ¡desnuda!

GUERRA A LA GUERRA

¡La guerra! ¡La guerra
se sube a la Tierra!

Su cara que asusta
a nadie le gusta.

Su panza redonda
es sólo una bomba

que crece, que explota
si alguien la toca.

Usa un traje grande
color de la sangre.

Trae en su solapa
una flor que mata

y en sus zapatones
tristeza a montones.

♦

Salen mil soldados,
fusiles pesados,

caballos, aviones,
barcos y cañones

para echar la guerra
del mar y la sierra,

del cielo y la plaza,
del país, de casa...

Pero nadie sabe
lograr que se acabe

el traje que encierra
¡la guerra! ¡la guerra!

♦

Pero en un segundo
las madres del mundo

que viven llorando,
algo van guardando:

atan por las puntas
sus lágrimas, juntas,

y hacen una soga
que a la guerra ahoga.

Habla el colectivo

Mi cuerpo es de lata
toda pintada
y de goma mis patas
bien reforzadas.

Sí. Tengo pies redondos
como manzanas
y muchos ojos grandes
que son ventanas.

Hay asientos de cuero
en mi barriga
y la lleno de gente
como de hormigas.

Yo nací en un taller
no sé por dónde.
Soy hijo de un tranvía
que llegó a conde.

Como un día lo echaron,
quedó sin plata,
por eso estoy yo ahora
traca que traca.

Mi primo es un taxi
muy poligriyo,
siempre de traje negro
con amarillo.

Por la ciudad yo ando
todos los días.
¡Siempre el mismo camino...!
¡Quién lo diría!

Un número es mi nombre
y mi apellido
lo sabe todo el mundo.
¡Muy conocido!

Nací en Buenos Aires
y aquí yo vivo
para servir a ustedes:
El Colectivo.

PERICO Y LOS CINCO SENTIDOS

Mientras se duerme Perico,
la nariz abre su pico.

Dice, revolucionaria:
—Yo soy la más necesaria.

Gracias a mi hijo Olfato
pasan todos un buen rato.

Por él saben el olor
del mar y del alcanfor...

de la flor y la madera,
del humo y la primavera...

Pero de pronto se calla,
pues le dicen que se vaya.

Como ya ronca Perico
alguien más abre su pico.

—Aquí yo, el Gusto, les digo
que soy el mejor amigo.

La boca es mi barriada,
calle: La Lengua Rosada.

Por mí sienten los señores
todos, todos los sabores:

del dedo, de la aspirina,
de la sal y la neblina;

del vino, carne sabrosa
y de millones de cosas.

—¡Alto ahí, que yo, el Oído,
atención de ustedes pido!

Voy a presentar mi queja
desde el balcón de la oreja.

Yo soy el más necesario.
Aquí va mi comentario:

oye por mí, el que lo pida,
todo el ruido de la vida:

oye lluvia verdadera,
la ducha –lluvia casera–,

la tic-risa minutera
de cada reloj pulsera.

Oye contra el pizarrón
de la tiza el tropezón;

la voz de mamá que llama,
tos del viento en la ventana...

Oye... —¡Basta, que es mi antojo
que te calles! ¡Soy el Ojo!

Sepan, de hoy en adelante,
que soy el más importante.

Me acompaña a toda hora
Doña Vista, mi señora...

Gracias a mí y a mi mujer
cualquier hombre puede ver.

Ver la luz de la mañana,
el color de la semana,

la luna, la sombra, el trigo,
las caras de los amigos…

El Ojo calla en el acto
porque le grita Don Tacto:

—¡Acaba ya, mentiroso!
¡Que yo soy el más valioso!

Me estiro como la miel
a lo largo de la piel...

Es por mí que el hombre siente
cuando le clavan un diente.

Siente lo suave, lo grueso,
y el choquecito de un beso,

la loza fría de una taza
y la pared de su casa...

Cada uno, sin temor,
cree que es el mejor.

Pero despierta Perico
y todos cierran el pico.

—No discutan más, sentidos,
y escuchen esto que digo:

ustedes, cinco hermanitos,
tienen que estar muy juntitos

para que en todo momento
sea un niño sano y contento.

Si uno me falta, recuerde
que la salud mía se pierde.

Por los cinco puedo
VER, TOCAR, OÍR, GUSTAR Y OLER.

Por eso, a cada segundo...
¡yo soy el dueño del mundo!

LA MONA BRUJA

Lucía
tanto quería
la mona Bruja,
que a su casa
se la llevó
y en pocos días
con alegría,
pieza, terraza...
¡Todo le dio!
Pero... ¡Oh, dolor!
La mona Bruja
se le enfermó
y aunque el doctor
con una aguja
le pinchó
grandes remedios...
se empeoró,
porque un remedio,

(el más pequeño)
justo olvidó.

¡Ay, ¡mona Bruja!
Poquito a poco,
¡caramba!,
el más pequeño:
darte palmeras,
arena y cocos
y un samba
brasileño.

Cuando yo cierro los ojos

Cuando yo cierro los ojos...
¿Qué sucede?
¿Quedan quietas las paredes?
¿No se mueven?
¿Dónde va la luz que estaba
yo mirando?
¿Se mete por mis bolsillos
disparando?
¿Dónde va toda mi casa
si me duermo?
¿Sigue igual o no?
¿Qué pasa? No me acuerdo...
Cuando yo cierro los ojos,
¿qué sucede?
¿Pueden quedarse las cosas...?
Dime, ¿pueden?

Cuando lloro...

Una lágrima
se escapa.
La acompaña
una pestaña.
¡Se escapa!
¡Se escapa!
¿Quién la atrapa?
¡Ah!
Aquí llega don Pañuelo
y en su vuelo
enamorado,
a la lágrima
–fugitiva–
se ha acercado.

La lágrima
es una bella dama
que mucho ama
a don Pañuelo...

Por eso,
cuando escapa,
en su vuelo
enamorado,
él la atrapa.

¡QUÉ SUEÑO!

Sí. Yo soy el sueño
que no tiene dueño.
Voy de pieza en pieza:
busco una cabeza
que quiera soñarme.
¡Tienen que probarme!
Llevo una sombrilla
color pesadilla,
de arriba a abajo
tengo aroma de ajo,
voz de cucarachas.
Uso, con hilachas,
un saco amarillo
lleno de bolsillos
donde tengo, justo,
para cada gusto:
gigantes con hambre,
gritos de alambre,
sillas que se sientan,

números que cuentan,
agua que se ahoga,
árboles de soga,
risas que no acaban,
jabones que lavan
a otros jabones,
luchas de leones,
arañas de paja
y el miedo en caja.
Veranos de hielo,
se derrite el cielo,
el sol se descose,
una estrella tose,
se cae la luna
bien sobre la cuna
del que está soñando…
y voy acabando.
Termino el asunto
y a ustedes pregunto
antes de alejarme:
¿no quieren soñarme?

CANCIÓN DE CUNA PARA DORMIR A UN COLECTIVO

Duérmase, colectivo,
si está cansado.
Lo acunará mi canto
de desvelado.

Se duerme el colectivo
y sueña, contento,
un río de adoquines
y de cemento.

Sueña con una calle
de caramelo
y toca una bocina
que llega al cielo.

Sueña que los boletos
son margaritas.

(Pagarlos con sonrisas
se necesita.)

Sueña que, de repente,
entre las nubes,
llevado por mil globos
sube que sube.

Sueña que van volando
por los asientos
cien pájaros de nieve,
colas de viento.

Sueña que vuelve a tierra
de azul vestido.
De tanto andar el cielo
está teñido...

Como yo soy su amigo
su sueño cuido
y –también– a su lado
quedo dormido.

Botón Pelorrojo

Botón Pelorrojo
era un marinero.
Paseaba sus ojos
por el mundo entero.

Pintando su barco,
se cayó al mar.
El mar es un charco
de nunca acabar.

Botón, asustado...
¡No sabía nadar!
Con corcho mojado
se puso a flotar.

Mucho tiempo y frío.
Nadie apareció...
Botón... ¡Ay, qué lío!
¡Paff! ¡Se desmayó!

Casi muere, pero
una gran ballena
subió al marinero
en su lengua rellena.

Por darle calor
algunos momentos,
sin ningún temor
¡lo mandó adentro!

Por aire, ligero,
lo envió al pulmón.
¡Tres, dos, uno, cero!
¡Despertó Botón!

Al verse atrapado
empezó a gritar.
Pero, allí encerrado...
¿quién lo iba a escuchar?

¡Un bombo! BOM-BO
BOM-BO, dele sonar...
Y Botón pensó:
"¡Fiesta militar!"

Pero ése era el ruido
que hacía el corazón...
La ballena, amigo,
¡sonando BOM-BOM!

Después, Pelorrojo
quiso caminar.
Ballena a su antojo
pudo visitar.

Trepó a la garganta,
la boca miró,
el hígado... ¡y cuántas!
¡cuántas cosas vio!

◆

Muy de mañanita,
en su gran barcaza,
don Pena y Penita
salieron de caza.

Penita, al rato
gritó acalorado:
—¡Allí, yo la mato!
¡Ballena al costado!

Y cuando don Pena
le arrojó el arpón,
desde la ballena
se asomó Botón.

¡Entonces, colgado
se quedó Botón,
del arpón clavado
en su pantalón!

Don Día en la peluquería

El señor Día
se va a la peluquería.

No se lo pierda. ¡Mírelo!
¡Ay! ¡Qué belleza
en su cabeza!

Con lindos rulos rosados
lo puede ver
al amanecer.

Rubia peluca de sol
se pone el día
al mediodía.

Sus pelos queman el aire.
Se estiran lacios
por el espacio.

Teñido de pelirrojo
se aparece
cuando atardece.

Con permanente de estrellas
que es un derroche,
viene a la noche.

Pero, ¡ay!, si llueve o está nublado
cualquier peinado
queda estropeado.

MI BARRILETE

Con caña tacuara
te hago los huesos
y para tu cara
papel no muy grueso.

Con agua y harina
preparo el engrudo.
Busco en la cocina
un hilo sin nudos.

Después, muchos trapos
rayados y lisos...
rojo, verde sapo...
Todo eso preciso.

Corto, doblo, pego...
Pego, mido y ato.
Y con este juego
me paso un buen rato.

Va tu cara sola
sobre el esqueleto.
Te agrego una cola
y ya estás completo.

Me voy al potrero,
al campo o la plaza
¡y subes primero...!
¡y nadie te pasa...!

(En un periquete
el hilo se estira
porque el barrilete
por soltarse tira.)

Tragas tanto cielo
durante tu viaje
que, después del vuelo,
queda azul tu traje.

Dibuja aquí:

LA RATA COMILONA

La rata, una bota
se come y no siente
que en cada mordisco
se le cae un diente.

La rata al zapato
le roe las suelas
y no se da cuenta
que rompe sus muelas.

Rata comilona...
¡Ay! ¡Quién lo diría!
De a poco te queda
la boca vacía.

Ya sólo masticas
desde este momento:
las suelas del aire y
zapatos del viento.

Llora la regadera

¡Oh! ¡Llora la regadera!
No quiere ser jardinera...

Kilos de lágrimas tira
hacia la tierra que mira,

y las plantas enojadas
con sus chinelas mojadas

le gritan: —¡No llores más
y vete a dormir en paz!

Se traga quince secantes
pero aún no es bastante.

Llora tanto, pobrecita,
que ahoga a una margarita.

En su nariz amarilla
el agua brilla que brilla...

y en vez de una margarita
parece una mar... chiquita.

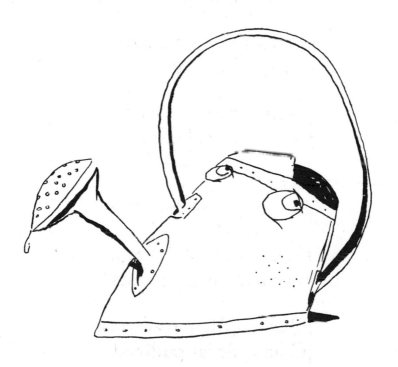

¿Qué es? ¿Alguno adivina?

La casa es roja, de lata.
Su gente no tiene patas.

Viven todos tan juntitos
que no sobra un pedacito.

Usan sus trajes plateados
con aceite almidonados.

¿Ustedes pueden creer?
¡No pagan el alquiler!

¿Y saben algo peor?
¡Pasean en tenedor!

De lata y roja es la casa...
tan chica como una taza.

¿Qué es? ¿Alguno adivina?
¡El hotel de las sardinas!

La sombra que se escapó

La sombra se despren
de las botas del ena.
No la ve; está comien
doce costillas de va.
Camina la sombra so,
la calle grita a su pa:
—¡Sombra, sombra del ena!
¡No te escapes de su la!
Dobla la sombra una esqui.
Navega por la ciuda,
desde el carozo-naví
observa las capita.
—¿Les parezco sombra be?
Llama a la gente que pa.
Salta, corre, rueda, tre,
patalea y zapate.
¡Ay!, sombra, sombra peque
ñita, chiquita, te so
brazos y piernas de to

dos, tres, miles que te prue.
Bandida, sombrita ma,
la gente es alta y grando,
tan gorda para tus for...
¡mas nadie como tu ena!
No busca más y ya vuel,
verdes botas del ena...
No la ve, está comien
doce costillas de va.

Ayer nació un espejo

Ayer nació un espejo
en el armario viejo.
Su corazón
de vidrio
brillaba en la mañana
de su primer
domingo.
Voló una mariposa
a tocarle
la cara,
su piel, color reflejo,
su camisa
tan rara.
Vino desde muy lejos
a mirarlo,
traviesa.

Ayer nació el espejo
que en el armario
cupo.
No salió en ningún diario.
Sólo ella
lo supo.

La ropa tendida

¡Gente divertida
la ropa tendida!
Allí van, en coches
modelo FORD BROCHES.
¡Mírenlos! ¡Qué risa!
La pobre camisa
está muy cansada
dando bofetadas
al aire que va,
de aquí para allá.
Doña Camiseta
tiene una rabieta
con su hijo mayor,
Juan Repasador.
Allá, un pantalón
baila "El Pericón"
con su bella esposa,
la sábana rosa.
Y ¡uy! ¡Qué tragedia!

Las hermanas medias
juntitas colgadas,
están casi ahogadas.
(Por tan retorcidas
se les va la vida.)
Sus novios, los guantes,
lloran adelante.
Sus lágrimas son
con gusto a jabón;
caen, despacito,
formando un charquito.
¡Gente divertida
la ropa tendida!

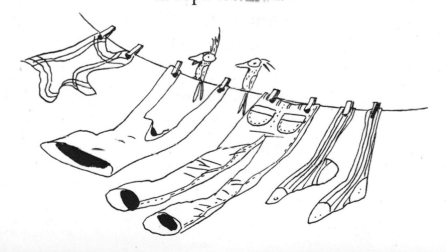

Aída, la liebre

Corre que corre
la liebre,
aunque se quiebre
las patas
entre las matas.
Corre que corre
al viento.
Va a un casamiento
al sol,
del caracol.
Se le hizo tarde
porque ella
quiso estar bella:
de rojo
pintó sus ojos.
Corre que corre
ligera,
y espera...
espera...

Tanto corrió la liebre,
que le dio fiebre.
¡Oh! ¡No, no miento!
Llegó
al casamiento,
la liebre Aída,
el día antes
de su partida.

Cosas de girasoles

Un girasol escribe a una violeta,
que su vestido al aire mueve coqueta.
Usa tinta dorada, con gusto a menta.
En una hoja de parra su amor le cuenta:
"Violeta, te regalo mi corazón...
Girasoleando espero contestación."
El viento es el cartero de frío traje.
Soplando, a la violeta le da el mensaje.
Pero ella no entiende nada de nada
esa carta con letra girasolada.
Entonces la devuelve, violenta, al viento,
que la lleva al girasol en un momento.
El pobre girasol se desespera,
llorando su tristeza girasolera.
Con gotas de rocío la carta moja,
y cae su cabeza, hoja por hoja.

Dibuja aquí:

EUGENIO DE BABILONIA

Empiezo mi cuento:
Hace mucho tiempo,
en una colonia,
allá, en Babilonia,
vivía el rey dueño
y su hijo Eugenio,
príncipe famoso,
valiente y buen mozo,
que usaba un anillo
de rosado brillo,
con piedras ¡así!
del mejor rubí.
Pero un día de frío
se le cayó al río
mientras, elegante,
se sacaba un guante.
Entonces, Su Alteza
sintió gran tristeza,
porque era un regalo

de su abuelo Lalo.
El rey, con enojo,
revolcó los ojos.
Contó, preocupado,
lo que había pasado
y a su pueblo dijo
con el dedo fijo:
—Premios diferentes
según quién lo encuentre.
Si es una mujer
que lo viene a traer,
a mi hijo hermoso
daré por esposo.
Si es hombre, un tesoro
de diamantes y oro.
La orilla y el puente
repletos de gente
con laaaargos rastrillos,
buscando el anillo.
Leonor y su tío
se fueron al río.

Llenaron los cestos
de pescados frescos
y por el sendero
a la feria fueron.
Martín Pescador
tras del mostrador,
a cada cliente
mostraba los dientes
porque sonreía
mientras les decía:
—¡Cómprenlos, señores,
que son los mejores!
¡Frescos mis pescados,
ricos y plateados!
¡Yo vendo corvinas
sin ninguna espina!
De pronto, Leonor
gritó al pescador:
—¡Oh, este pejerrey
grande como un buey!
Luego, con cuidado

limpió ese pescado
y con una lanza
le abrió en dos la panza
y dentro de ella
apareció, bella,
como en un sueño
¡¡¡la joya de Eugenio!!!
Martín Pescador,
la niña Leonor,
fueron al castillo
llevando el anillo.
Cuentan que fue tanto
de Eugenio el encanto
al ver a Leonor...
que le dio su amor.
Como era tan bella
se casó con ella,
le puso el anillo
¡le dio hasta el castillo!
de esa colonia
allá en Babilonia.

El estornudo

Vengo acompañado
por don Resfriado.
Si sienten cosquillas
abran la sombrilla
y también la boca,
porque si no, explota.

¡Atchís!, mi saludo.
Soy el Estornudo.

Escala

¡Atención! ¡Atención!
Un-dos-tres-cuatro.
¡Arriba el telón!

Uno-dos-tres.
Con traje negro
recita un pez.

Un-dos-tres-cuatro.
Versos pescados
para el teatro.

Tres-cuatro-cinco.
¡Versos mojados!
¡Yo pego un brinco!

Seis-siete-ocho.
Pez con corbata
color bizcocho.

Nueve y diez.
¡El pez artista
no tiene pies!

Once y doce.
Con sus aletas
se pone en pose.

Doce-once-diez.
Todos los versos
dice al revés.

Nueve-ocho-siete.
Cuando termina
se va a un banquete.

Seis-cinco-cuatro.
Lleno de peces
está el teatro.

Tres-dos y uno.
Llega don Gato..
¡¡¡Queda ninguno!!!

Sofía, la locomotora

La vieja locomotora Sofía
se fue una mañana por la vía,

porque estaba muy aburrida
de hacer siempre la misma recorrida.

Silbando muy bajito se escapó.
Con anteojos a los guardas engañó.

Por las calles fue a pasear con alegría...
y decían: —Qué raro ese tranvía.

La gente que viajaba a Ituzaingó,
en Avenida Santa Fe apareció.

De repente, ¡uy! vino un vigilante
todo panza y botones adelante.

Con las dos manos juntas por detrás,
algo dijo, que no me acuerdo más.

Ah, sí. Dijo, golpeando un pie en el piso:
—Señorita, enseñe su permiso.

Y Sofía, por estar tan asustada,
le empezó a soplar su humo por la cara.

—Señorita, usted está muy confundida,
pues no puede andar por la avenida.

Ella, entonces, marchó a la estación,
donde el guarda la esperaba en el portón:

—Ay, Sofía, desde hoy tendré cuidado
que no vuelvas a escapar para otro lado.

Soy un clavo

Soy un clavo amargado,
hace mucho estoy clavado.

Estoy triste en la pared
porque nadie a mí me ve.

Nunca nada me colgaron.
Todos de mí se olvidaron.

Oye, tú: cuélgame algo.
Así sentiré que valgo.

Cuelga un pétalo, un cuadrito,
la foto de tu gatito.

Un chupete, un escarpín,
aunque sea ese piolín.

Por favor, a ti te pido,
consígueme algún amigo.

El soldadito de plomo

El soldadito de plomo
está muy disconforme

porque le pesa el fusil
y le aprieta el uniforme.

El soldadito de plomo
quiere tocar el tambor,

mas no llamando a la guerra
sino llamando al amor.

El soldadito de plomo
se escapa de su cuartel

y cambia sus armamentos
por un hermoso clavel.

El soldadito de plomo
está ahora muy contento,

corre libre por los campos,
bajo sol, lluvias y vientos,

El soldadito de plomo
su uniforme se quitó,

luce ya una polera[1]
que una araña le tejió.

---

[1] Suéter.

EL PREGUNTÓN

Abuela... ¿cómo nací?
—Una cigüeña te trajo aquí.

(—Pero yo, yo no me explico
cómo no se rompió el pico...)

—Abuela... ¿y mi hermanita
por qué ha nacido tan chiquitita?

— Pues ella... tu madre vio
que de un repollo salió.

—¿Repollo y cigüeña, abuela?
(Mejor pregunto en la escuela:

¿entonces, para qué está
el papá con la mamá?)

Mi color

Tengo un color vestido de azul.
Su traje no es seda, ni raso, ni tul.

Mi color es suave como una manzana,
pero no es de fruta, de paja ni lana.

Se duerme en mi mano o en mi bolsillo
y si está contento, canta como un grillo.

Si tú eres mi amigo te daré un poquito
envuelto en un beso, dentro de un trapito.

DON AÑO

Mi nombre es don Año.
Camino y camino...
¿Le resulta extraño?
Ése es mi destino.
Un número fijo
son mis doce hijos.
Usted los conoce,
según me parece.
Sí, señor, son doce
mis hijos, los meses.
Son todos viajeros,
pero uno por vez:
Enero primero,
Febrero después.
Nunca están juntitos
mis doce retoños.
Marzo, despacito,
me viste de Otoño[1].
Abril vuelve a casa

si Marzo se fue;
y Mayo no pasa
(lo verá usted)
hasta que se vaya
su hermanito mes.
Y Junio con botas
me trae a su amigo:
Pelo de Hojas Rotas
–Invierno le digo–.
Y Julio y Agosto,
montados en cientos
caballos de frío,
las patas al viento...
¡Estos hijos míos!
Septiembre presenta
su novia florida:
Dulce Primavera,
es verde su vida.
Llega Octubre luego
y tras él, Noviembre.
¡Un verano nuevo!

¡Regresa Diciembre!
Me acompaña, pero
un día se va
y retorna Enero,
mi hijo primero
de vuelta al hogar.
Siempre separados...
¿A usted le parece?,
vuelven a mi lado
mis hijos los meses.
Así es mi destino...
¿Le resulta extraño?
Camino y camino...
Mi nombre es don Año.

---

[1] En todos los países del hemisferio sur, como Argentina, las estaciones del año ocurren a la inversa de como son en el hemisferio norte. Por lo tanto el invierno llega en julio y agosto y el verano comienza en noviembre.

EL HUMO

El humo
de las chimeneas
se va de viaje
y por eso
se pone
su mejor traje.
Para
no perderse,
deja sus huellas
por toda
la escalera
de las estrellas.

CANCIÓN CON DRAGÓN Y TODO

Ayer cacé un dragón chino
con esta red
y no les cuento cómo
lo dominé:
con una jarra de vino
lo emborraché.

En el horno del vecino
bien lo encerré
y no les cuento cuánto
su fuego usé
para hervir un pepino
y hacer puré.

Mas como estaba muy triste
—pobre dragón—
no les cuento qué grande
fue mi emoción...

Le dije: —Te suelto, ¿viste?
¡Vuelve a Hong-Kong!

Él me dio un beso, contento,
después se fue
y no les cuento cómo
luego extrañé
el fuego de su aliento
que olía a té...

Y... aunque no les cuento...
ya les conté.

La panadería interplanetaria

El astronautita Renus
entró a la panadería
que queda cerca de Venus.
Así es, su señoría,

y que es interplanetaria.

Quiso comprar medialunas
mas, dijo la panadera:
—¡Aquí no hay medias ninguna
sino lunitas enteras

de formas y especies varias!

Y le vendió una docena
de lunas verdes, doradas,
triangulares y morenas,
a lunares y cuadradas...

hermosas e innecesarias.

Comiendo, el goloso Renus
dejó la panadería
que queda cerca de Venus.
Así es, su señoría,

y que es interplanetaria.

CANCIÓN PARA QUE SEPAS COSER Y BORDAR

El día cinco de enero
hay fiesta en el costurero.

Celebran, en esos pagos,
la noche de Reyes Magos.

La fiesta la ha programado
la familia de Bordados

en la casa de Vainilla,
que prepara la parrilla.

Su esposo, Martín Tinglado,
ya condimenta el asado.

Su hijo mayor, el Guante,
no hace nada el atorrante.[1]

Mientras su hermano Hilvanado
atiende a los invitados,

el menorcito, Fruncido,
no saluda, es engrupido.[2]

Aparece Luis Festón
tarareando, en camisón.

Al Punto Cruz, religioso,
le parece vergonzoso.

—¡Atrevido! –así lo nombra
a Festón el Punto Sombra.

Con esmero, Punto Manta
un villancico ya canta.

Lo acompaña don Cadena
con buen concierto de quena

y con flauta, Punto Atrás
se retrasa en el compás.

Aristócratas Realces
piden: —¡Toquen unos valses!

Punto Yerba, comedido,
ofrece mate[3] cocido

y sirve la dulce rosca
que decoró Punto Mosca.

Conde Rivier y condesa
de la embajada francesa

son los puntos enviados
a casa de los Bordados.

Y ya los viene a traer
Richelieu, punto chofer.

Un ángel de canutillo
colgado de un dobladillo

va arrojando, mientras vuela,
estrellas de lentejuelas

y cose una luna azul
con un trapito de tul.

¡Noche de Reyes y enero
también para el costurero…!

---

[1] Flojo, holgazán.
[2] Soberbio.
[3] Infusión de yerba mate.

Pino loco

Un pino se volvió loco
anoche, con la tormenta.
Se enloqueció poco a poco…
según lo que el diario cuenta.

Leo: "Y empezó a agitarse
y a murmurar contra el viento.
Las ramas logró arrancarse.
Quedó calvo en un momento.

La verde pina, su esposa,
lo observaba a la distancia
y llorando, al ver tal cosa,
llamó urgente a una ambulancia.

El hospicio de la esquina
un enfermero envió
y un chaleco de neblina
al pino le colocó,

mientras saltaba ligero
–igual que un gallo de riña–
el pobrecito enfermero
recibía varias piñas".

PASEO CON DINOSAURIO

Una noche de verano,
con mi lindo dinosaurio
salí a pasear, de la mano,
por las calles de mi barrio...

porque, aunque es un animal
prehistórico y gigante,
es manso, de un modo tal
que ya no queda elegante.

Cómo será que, esa noche,
por un semáforo viejo,
atascó a todos los coches,
temblando como un conejo.

Parece que se espantó
al ver el cambio de luces.
Por un monstruo lo tomó
y al suelo cayó de bruces.

Los coches, con sus bocinas,
atronaban enojados.
Ocupaba cuatro esquinas
pues, mi dino desmayado.

Yo muy nerviosa corrí
a casa del boticario,
su botica revolví
hasta hallar un diccionario

hecho con piedra y granito:
un antiguo diccionario.
Allí aprendí, ligerito,
el idioma dinosaurio.

Entonces, volví y hablé
en la oreja de mi dino.
La gente decía: —¿¿Qué??
¡¡No va a entender ni un pepino!!

Pero insistí con cariño,
hablándole dulcemente...
Él es tierno como un niño...
¡Qué sabe de eso la gente!

—Son luces –dije– con brillo...
y no un monstruo de tres ojos:
Uno verde, otro amarillo
y el tercero color rojo...

Al escuchar mis gruñidos
mi dinosaurio entendió
y, en amoroso bufido,
por el aire me elevó.

ÍNDICE

Elsa Bornemann

Es una de las escritoras más fascinantes de la literatura para niños y jóvenes en lengua española. Ha publicado, entre otros títulos, *El libro de los chicos enamorados*, *Los desmaravilladores*, *Queridos monstruos*, *La edad del pavo* y *No hagan olas*. Ha recibido numerosos premios internacionales.

Aquí acaba este libro
escrito, ilustrado, diseñado, editado, impreso
por personas que aman los libros.
Aquí acaba este libro que tú has leído,
el libro que ya eres.